द्वन्द्व

शेखर 'सृजक'

notionpress
.com
INDIA • SINGAPORE • MALAYSIA

ISBN 979-8-88733-357-1

यह काव्य संकलन मेरे माता-पिता को समर्पित है,
जिन्होंने अध्यात्म तथा दर्शन के संसार से मेरा
परिचय करवाया।

विशेष आभार मेरे अग्रज श्री अविनाश मिश्र जी
को जिनके बिना इस पुस्तक की कल्पना भी
संभव नहीं थी।

Contents

सीता-राम बैकुंठ गमन

(भाग-१)

रात्रि थी अपने अंतिम प्रहर में,
निद्रा व्याप्त थी समस्त नगर में।
बस दो नयन मार्ग पर जमे थे,
किसी की प्रतीक्षा में नमें थे।

देख तारिकाओं से आलोकित गगन,
हुआ स्मरण जनकपुरी का वह उपवन।
जहां था हुआ जानकी से प्रथम मिलन,
जब प्रथम बार टकराए थे कमलनयन।
देख प्रथम द्रश्ट्या ही था स्तब्ध मैं,
सोचा, क्या हो तुम मेरे प्रारब्ध में?

सखियों के संग, पुष्पों के मध्य,
उज्ज्वल मुख के कोमल अधरों पर,
कपोल पर छाए उन केशों के अंदर,
वर्धमान चंद्र सी वह स्मित रेखा,
नयनन को चुरा के, कुछ छिपा के,
बार बार मैंने उस ओर देखा।

पुनः दर्श का अवसर मिला उस सज्जित सभा में,
समस्त मंडप आलोकित था तुम्हारी आभा से।
जब भी भूपाल शिव धनुष को छूते थे,
सच बताऊँ तुम्हें सीते, हम विचलित होते थे।
अब उन बातों का क्या ही काज,
अंतिम निर्णय तो होगा आज।

प्रातः जैसे ही होंगे भानु उदय,
यह जीवन होगा फिर से सुखमय,
एक एक क्षण हमने कैसे बिताए,
ऐसे शब्द ही नहीं जिनमें तुम्हें समझाएँ,
विश्वास है कि तुम्हे समझाने का अवसर ही ना आए,
देखो एक क्षण मेरी ओर और सब समझ आ जाए।

अपने रथ पर आसीन दिनेश दूर क्षितिज पर चमके थे,
देख उस लालिमा को खग संग मनुष्य भी चहके थे।
अट्टालिका समस्त प्रज्ज्वलित थी केशव के प्रकाश से,
नव आशा की किरण व्याप्त थी जैसे समस्त समाज में।
अपने पापों के प्रायश्चित की भी थी सबको प्रतीक्षा,
सीता मैया आ रही थीं आज देने फिर से परीक्षा।

(भाग-२)

समस्त नगरवासी एकत्रित थे आज नगर के द्वारे,
बिन अन्न जल ग्रहण किए सब बस राह निहारे।

तब दिखा वह दृश्य मनोहर,
लव-कुश संग वैदेही सुंदर।
दोनो पुत्रों के कर पकड़े,
कठिन वन से पैदल चलते,
पहुँची वह जब अवध धाम,
गूंज उठा जयघोष जय सियाराम।
हुई जब वह द्वार पर प्रस्तुत,
समस्त नगर था अति पुलकित।
दसों दिशाओं से बहु पुष्प बरसे,
लव-कुश देख मन ही मन हरषे।
समस्त मार्ग पट गया था सुमन से,
हुआ स्मरण आईं थीं जब वन से।
तब भी ऐसे ही पुष्प बरसे थे,
घर घर दीप प्रज्ज्वलित थे।

तब भी सब ने कर उठा किया था सत्कार,
कुछ समय बाद ही मिला था क्या पुरस्कार?
समस्त नगरवासियों की शंका का था क्या उपचार,
मेरे पुनः वनगमन को सबने किया निर्विरोध स्वीकार।
क्या यह सम्मान और आदर है मेरे त्याग का?
या प्रभाव है इनके प्रभु के बढ़ते एकांत का?

इन्हीं विचारों में बढ़ते बढ़ते,
आच्छादित पुष्पों पर चलते चलते।
स्वयं को पाया सभागार के प्रांगण में,
जो कभी था घर उसके आँगन में।
समस्त जन थे वहाँ उपस्थित,
स्वर्ण मूर्त रूप में सीता भी सज्जित।

कैसी विडम्बना की स्थिति थी आज मन में,
स्वयं की परीक्षा होनी थी स्वयं के समक्ष में।
आते ही सीता ने किया सभी को प्रणाम,
तीनों माताएँ, समस्त गुरुजन व राजा राम।

महर्षि वाल्मीकि स्वयं बढ़कर आगे आए,
फिर रघुवीर को विनीत वचन सुनाए।
हे रघुनन्दन, हे रघुवीर, हे राजाधिराज,
जानकी परम पुनीता, इसका मैं स्वयं साक्ष्य।
लव-कुश हैं आपकी ही संतान,
इनका बल, पौरुष स्वयं प्रमाण।
मैं स्वयं यह प्रण ले कर कहता हूँ,
कर के कमंडल का जल कर में रखता हूँ,
अपने तपोबल व पुण्यों की शपथ लेता हूँ,
अपनी ओर से यह प्रमाण देता हूँ,
अब तो मेरी बात तो सच मानो,
और सीता को परम सती जानो।

सुन महर्षि की परम सरल वाणी,
बोले श्री राम तुरंत महा ज्ञानी।

आपकी बात सुनके समस्त शंका का हुआ निवारण,
लव-कुश हैं मेरे ही सुत, यह कहता इनका आचरण।
इस राम को तो सीता की परीक्षा की कोई आवश्यकता
ही ना थी,
आप नहीं सीता स्वयं कहती तो भी कोई चिंता ना थी।
परंतु शंका राम की नहीं प्रजा की थी,
विवशता राम की नहीं राजा की थी।
जनता हेतु आज फिर सीता को आगे आना होगा,
विश्वास के साथ नेतृत्व हेतु फिर पग बढ़ाना होगा।
अपनी पवित्रता का प्रमाण संसार को दिखाना होगा,
पुनः एक बार जानकी को स्वयं को जलाना होगा।

सुन वाणी रघुनायक की सीता आगे आईं,
भर नयनन में नीर, पर मुख से मुस्काईं।
आर्द्र कंठ से बोली, हे योगिराज,
क्या दुविधा आन पड़ी आज,
जानता है क्या यह समाज,
मैं दे चुकी पहले भी साक्ष्य।
जब मेरे लिए लंकेश को आपने पराजित किया,
मैंने भी दे अग्नि परीक्षा स्वयं को प्रमाणित किया।
जब कर चुके थे आप संतुष्टि तब अपने अभिमान की,
तो क्यों फिर से आवश्यकता आन पड़ी मेरे अपमान की।
वन से हरण मेरा हुआ, मेरे बिना रहे तो आप भी थे,
कभी किया क्या प्रश्न मैंने कि किसके साथ आप थे?
जब आपको संतुष्टि नहीं थी तब तो क्यों किया मुझे
स्वीकार,

और यदि थे संतुष्ट तो क्यों किया फिर से मेरा
प्रतिकार?

परंतु अब इन बातों का कोई मूल्य नहीं,
क्या सत्य क्या मिथ्या, ये अमूल्य नहीं।
तो अब समाप्त होगी सबकी प्रतीक्षा,
सीता देगी आज फिर से परीक्षा।
यदि मैंने मन, कर्म, वचन से सिर्फ़ राम को जाना हो,
यदि इस हृदय में बस राम मूर्त की स्थापना हो,
यदि इन श्वासों में राम नाम की माला हो,
यदि इस स्पंदन में भी राम की ज्वाला हो,
तो हे धरती माता मुझे अपने माता होने का प्रमाण दे,
अपने ममतामय आँचल में मुझे अब स्थान दे।

इतना ही कहा था सीता ने कि हुआ विकट कम्पन,
डोलने लगी दसों दिशाएँ, भयभीत हुआ जन जन।
फट गया प्रांगण हुआ दो टूक उसी क्षण,
लगा जैसे क्षिण गया कोई देवासुर रण।
मच गया हाहाकार, फूटी अग्नि की ज्वाला प्रचंड,
लगा जैसे सामने ही खड़ा इस सृष्टि का अंत।
हुआ स्वर्ण प्रस्तर सिंहासन ले माँ वसुंधरा को प्रकट,
हस्त बढ़ा माता ने अपनी सुता को बुला बैठाया निकट।
बोली अब पुत्री तुझे कोई चिंता नहीं होगी,
अपनी माता के साथ तुम अब दूर चलोगी।
यह संसार तुम्हें पाने के योग्य नहीं,
चलो पुत्री मेरे साथ इनका दंड यही।

देख यह दारुण दृश्य सबके नेत्र नम थे,
पहले ही क्या रामकथा में दुःख कम थे?
सीते सीते पुकारते राम दौड़े जाते थे,
परंतु उनके पद जैसे धरती में धंसते जाते थे,
कुछ कहे शब्द जो, जानकी तक ना पहुँच पाते थे,
शायद इस अंतिम मिलन में वे भी साथ जाना चाहते थे।

हो सिंहासन पर आरूढ़ सीता ने किया प्रस्थान,
हुई अग्नि शांत, प्रांगण हुआ पूर्व समान।
अपने कृत्यों पर सब प्रायश्चित कर रोते थे,
किसी ने ध्यान ना दिया, क्रोध में दो हाथ कंपते थे।

(भाग-३)

हुए दीन की भाँति राम,
कर जोड़े किया प्रणाम।
हे धरती, हे वसुन्धरा,
मेरी प्रार्थना सुनो ज़रा।

हे वसुधा तुम तो जगत माता हो,
तुम ही तो इस प्रकृति की दाता हो,
समस्त जीव जगत की विधाता हो,
परम शक्ति सहनशीला सुजाता हो।

हे ममतामय माता अब मेरी विनती पर विचार करो,
मेरी वैदेही को जिस रूप में लिया उसी में प्रदान करो।

जैसे जैसे समय बीते,
ढाँढस के बांध भी टूटे।
नयनन के अश्रु भी सूखे,
अग्नि बाण जैसे अभी छूटे।

जब नहीं आया कोई उत्तर धरती के अंतर से,
उठा धनुष राम का, चमकी दामिनी शर से।
खींच प्रत्यंचा धनुष की बोले पुरुष वचन कठोर,
हे वसुधा मत लो अब मेरी परीक्षा और।
कर सकता मर्दन मैं जीव जगत का,
हे पृथ्वी तुम मेरा प्रभाव जानती हो,
एक बाण से कर सकता सृष्टि समाप्त,

मुझको तुम पहचानती हो।
सीता इसी क्षण ना लौटाई, तो प्रयोग करूँगा ब्रह्मास्त्र,
फिर चाहे हो जाए इस समस्त सृष्टि का विनाश।
इस सम्पूर्ण धरा को कर दूँगा मैं तहश-नहश,
जहां नहीं सीता उस धरा का क्या ही महत्व।
ये कहते हुए राम ने किया ब्रह्मास्त्र का संधान,
फिर लगा प्रलय आई, हुआ अभी जीवन समाप्त।

जब देखी ब्रह्म देव ने ये समस्या विकट,
ब्रह्मास्त्र के स्थान पर हुए स्वयं प्रकट।
हाथ जोड़ और शीश झुकाए,
सभा में विनीत वचन सुनाए,
स्तुति हेतु समस्त वेद पुराण गाए,
बारम्बार विश्वरूप का ध्यान कराएँ।

हे रघुनन्दन, हे रघुनायक,
हे कृपासिंधु, हे सहायक।
हे दीनदयालु, हे कृपानिधान,
हे शरणागत वत्सल भगवान।
स्तुति करूँ मैं श्री राम की,
रखिए मर्यादा इस नाम की।
हे राम आप नहीं नर भूपाला,
बैकुंठ राज कालहु कर काला।

ध्यान देकर सोचिए की आप कौन हैं?
सृष्टि समस्त विकल क्यूँकि आप मौन हैं।

किसी कार्य की सिद्धि हेतु आए थे इस जग में,
हुआ कार्य पूर्ण वह अब क्या रखा इस पग में।
समस्त मानव जाति का आपने किया उद्धार,
मानव की परिभाषा दिखा सब पर किया उपकार।

जब हुआ सब शुद्ध तो क्या भय है?
इस विलाप का ना अब कोई समय है।
माता सीता ने भी अपना स्वरूप है प्राप्त किया,
धरती के गर्भ से सीधे बैकुंठ को प्रस्थान किया।
अब आप से विनती कि उनका अनुसरण करें,
मेरी बात सुनें और बैकुंठ की ओर गमन करें।

(भाग-४)

सुन ब्रहम वाक्य राम हुए स्थिर,
देख दीन मुख जन के सोचा फिर।

सत्य बात है ब्रहम देव की,
मृत्युलोक का मोह ना करते विवेकी।
इस संसार में सत्य कोई तो योग है,
मुझे हुआ मोह, कुछ तो संयोग है।

हो सकता है ये सब हो समय का फेर,
काल मेरा पूरा हुआ अब काहे की देर?
सीता हुई विदा देकर सतीत्व का प्रमाण,
तो अब मैं भी चलता हूँ छोड़कर ये प्राण।

धारण कर श्वेताम्बर सरयू की ओर बढ़े रघुनन्दन,
अनुसरण करते उनका तीनों भाई और मारुतनंदन।
जैसे ही सरयू में होने को विलीन बढ़ाया पग राम ने,
वैसे ही लेट सामने राम के पग को रोका हनुमान ने।

बोले विनीत वचन हनुमान दोनो हाथ जोड़,
देकर वर चिरंजीवी का जाते हो मुझे छोड़।
ऐसे जीवन का मुझे क्या काम,
जिसमें ना हो मेरे राम।
अब दो में से कोई एक काज करो,
मुझे साथ लो या मेरे भी प्राण हरो।

सुन अति सरल कपि वाणी,
मुसकाए राम बोले अंतर्यामी।
उठो सुत मेरी बात सुनो,
हृदय को सम्भालो और धीर धरो।
इस संसार में मेरा कार्य तो अब पूर्ण हुआ,
परंतु तुम्हारे बिना मेरा जन्म अपूर्ण होगा।
जब जब लूंगा मैं इस धरा पर जन्म,
तुम्हें ही तो रहना है मेरे संग।
सुनो पुत्र आज मैं जो हूँ क्योंकि तुम थे,
जो तुम न मिलते वन में तो कहाँ हम थे?
अभी तो करने हैं तुम्हें बहुत से काम,
मैं चला छोड़ धरा अब तुम्हारे नाम।
तुम्हारे बिना मेरा कोई काज न होगा पूर्ण,
मुझसे की हर प्रार्थना के तुम ही होंगे दूत।
तुम्हें है मेरी शपथ वचन का अब पालन करो,
अब यह मार्ग छोड़ मेरे पथ को धारण करो।
तुम्हें ही अब इस मार्ग का अनुसरण करना है,
मैं जाता हूँ, परंतु अपने भीतर जीवित रखना है।
तुम्हारे चरित से ही तो सब राम चरित जान पाएंगे,
तुम चले गए तो जन स्मृतियों में भी राम मृत हो जाएंगे।

सुन राम वचन हनुमान हुए निराश,
राम का मोह छूटे किस प्रकार।

देख हनुमान को फिर मुस्काए दशरथनन्दन,
बोले मैं तो तुममें हूँ, क्या भूल गए मारुतनंदन?

भूल गए तुम्हारे वक्ष में भी है मेरा निवास,
इस भौतिक राम के मोह में मत हो उदास।
मैं एक शरीर नहीं अपितु एक विचार हूँ,
जो भी नैतिक नियम हैं, उनका संचार हूँ।
इस शरीर को त्याग कर भी मैं नहीं मरूँगा,
इस मानवता के समस्त रक्षकों में तुम्हें दिखूंगा।
जब जब इस धरा पर पाप बढ़ेगा,
तब तब फिर से एक राम जन्म लेगा।
तो इस धरा पर जब बारम्बार राम आएंगे,
तुम चले गए तो हनुमान कहाँ से लाएंगे।

सुन राम वचन हनुमान किन्ही कर जोड़ प्रणाम,
नीर बहा नयनन से मुख से निकला जय श्री राम।
हे राम! रहेगा हनुमान प्रतिक्षण प्रतीक्षा में,
तत्पर सदैव राम चरित की रक्षा में।
हे रघुवीर आपका जीवन स्वयं में है पूर्ण संदेश,
इसका प्रसार करना ही है अब मेरा उद्देश्य।
सदियों तक आपका चरित चरितार्थ रहेगा,
धर्म और अधर्म की परिभाषा स्वयं कहेगा।

जान कपि को संतुष्ट राम ने अपना पद बढ़ाया,
चरण कमलों के नीचे सरयू का जल आया।
हैं कितने पुण्यवान सरयू कि राम को सहेजने का अवसर पाया है,
होंगे राम विदा अब, हाय नियति ने क्या दिन दिखलाया है।
होगा कैसा दिवस की सरयू भी रोते थे,

अश्रु जैसे उनके लहरों पर ढोते थे।
जैसे जैसे राम आगे बढ़ें, सरयू नीचे होते जाते थे,
राम को करें विलीन इतना सामर्थ्य न सहेज पाते थे।

शायद राम को ले जाने से पहले जी भर देखना चाहते थे,
खेलाया जिन्हें बचपन में उनके साथ फिर खेलना चाहते थे।
हुई राम आज्ञा सरयू ने भी अपना स्तर बढ़ाया,
लगा जैसे वरुण देव ने भी अपना चाप चढ़ाया।

हुए राम विलीन सरयू के तट पर,
गए बैकुंठ, सीता मिलन को तत्पर।
हुए ज्ञान योगी परम तत्व में लीन,
समस्त नगर हुआ पुनः जैसे दीन।
सबने प्रथम पुरुष को भूमि पर साष्टांग किया प्रणाम,
हुआ जयघोष सृष्टि में जय सियाराम, जय जय सियाराम।।

शिव-सती

(भाग-१)

उठा शव एक काँधे पर,
चला एक शव पथ पर।
हैं सभी भयभीत खड़े,
कौन आए आगे बढ़ कर।

सृष्टि समस्त व्याकुल है,
मनुज समस्त विकल हैं,
हुआ कोई पाप यहाँ,
आघात से सभी अविचल हैं।

हो चुका यज्ञ का विध्वंस,
कटे पड़े अंग इधर-उधर,
ले हाथों में एक शीश खड़ा,
देखो क्रोध में वहां वीरभद्र।

हैं भद्रकाली साथ खड़ी,
हर तरफ छाया मरण,
यमलोक को लज्जित करे,
ऐसा था वह दृश्य भीषण।

सभी जीव हुए भयभीत,
मार्ग से सभी अनभिज्ञ,
रोके कौन इस संहार को,
विनाश देख सब विचलित।

समृद्धि से जो भवन अभी आलोकित था,
समस्त देवों के तेज से अभी प्रज्ज्वलित था,
हुआ क्या यहाँ जो शमशान सा हुआ चहुँओर दृश्य है,
हुए देव भी भयभीत, विकट कोई कारण अवश्य है।

(भाग-२)

था समस्त नगर प्रभाकर की प्रभा से आलोकित,
समस्त जन मानस भी शुभ कार्य हेतु प्रफुल्लित।

स्थापित थी यज्ञशाला नगर के द्वारे,
समस्त देवगण भी धीरे धीरे पधारें।
गोल गुम्बद, पंचायतन भवन स्थिर,
स्वर्ग को भी लज्जित करे वह मंदिर।
पराकाष्ठा ऐसी कि चोटी अदृश्य,
द्वार मानो जैसे बैकुंठ समदृश्य।

यज्ञ का आवाहन हेतु प्रजापति आगे आए,
करने आए स्तुति परंतु अहंकार संग लाए।
बोले, हे अग्नि, हे वरुण, हे वायु, हे इंद्र,
हे ब्रह्म, यम, चंद्र, सप्तऋषि और महेंद्र।
इस दक्ष की ख्याति अब युगों तक होगी,
इस यज्ञ की भव्यता की कोई तुलना न होगी।
आप सभी मेरा निमंत्रण स्वीकार कर यहाँ आए,
मेरे प्रताप और गौरव का आप स्वयं प्रमाण लाए।
तो मैं ब्रह्मा का मानस पुत्र ये आवाहन करता हूँ,
एवं आप सभी के साथ यज्ञ आरम्भ करता हूँ।

बोले ऋषि कश्यप कर जोड़,
हे पितृतुल्य देखें मेरी ओर।
अभी यज्ञ आरम्भ करने का समय नहीं,

महादेव के बिना यज्ञ का औचित्य नहीं।
उनको निमंत्रण अनिवार्य है, वैकल्पिक नहीं,
वे आपका परिवार भी हैं, सिर्फ सम्पूज्य नहीं।

सुन ऋषि कश्यप की वाणी,
बोले दक्ष अहंकृत अज्ञानी।
वह एक वनवासी है विधाता नहीं,
उस असभ्य से मेरा कोई नाता नहीं।
ना उसका कोई स्वागत होगा इस प्रासाद में,
न उसका कोई भाग होगा यज्ञ के प्रसाद में।

इतना ही कहा था अभी प्रजापति ने,
कि यज्ञशाला में प्रवेश किया सती ने।
सुन पिता की यह अपमानजनक वाणी,
बोली सती हृदय रख निज स्वामी।

आपकी बात सुन अब मुझे कोई आशा नहीं,
परंतु समस्त देवों को यहाँ देख मुझे निराशा हुई।
जब मंथन में निकला अमृत तो सबने मिल कर लिया,
जब आई बारी हलाहल की तो मेरे स्वामी को दे दिया।
आज भी स्वयं सभी यहाँ प्रस्तुत हैं,
प्रसाद लेने हेतु सभी उपस्थित हैं।
किसी ने भी न किया यहाँ मेरे पिता का विरोध,
सुन उनकी ऐसी वाणी किसी को न आया क्रोध?
उन्होंने बिना निमंत्रण जाने को मना किया,
फिर भी मैंने यहाँ आने का मन बना लिया।

सोचा माता से मिलूंगी और आपको मना लूंगी,
परंतु न विचार आया कि पतिधर्म को खो दूंगी।
अब तो मैं उनके पास भी नही जा सकती,
अपना यह मुख उन्हें नहीं दिखा सकती।
तो अब मैं अपने सतीत्व का प्रमाण दूंगी,
इस यज्ञ में आहुति हेतु अपने प्राण दूंगी।

देख सती का यह क्रोध सब थे दंग,
सब आशंकित की यज्ञ होगा भंग।
बोले अग्नि देव सती सम्मुख,
आर्द्र कंठ एवं लिए मलिन मुख,
हे माता आपको जला सकूँ इतना मेरा सामर्थ्य नहीं,
आपको कर सकूं विलीन स्वयं में, इतना साहस नहीं।
तो हे माँ आप मुझे कृपा कर क्षमा करें,
व यह प्रण त्याग कैलाश को प्रस्थान करें।

बोली सती अग्नि के सुन समस्त वचन,
ऐसे कैसे त्याग सकती हूँ मैं यह प्रण।
महादेव माना अति दयालु हैं,
शरणागतवत्सल व कृपालु हैं।
परंतु अब उनका सामना मैं कैसे कर पाऊँगी,
उनके तेज और सामर्थ्य को कैसे सह पाऊँगी।
आज मैंने उनके कथन का न मान किया,
पहले मैंने, फिर प्रजापति ने अपमान किया।
यदि आप नहीं तो कुछ प्रबंध करूँगी,
अपनी योगाग्नि का स्मरण करूँगी।

कर चक्षु मूंद किया कर जोड़ कर ध्यान,
प्रस्तुत रूप आदिशक्ति का, सबने किया प्रणाम।
किसी में भी इतना साहस न था कि सती को रोके,
आदिशक्ति के समक्ष कौन स्वयं को मृत्यु में झोंके।
दस भुजाएँ, चक्र, त्रिशूल व गदा उठाए,
हुई योगाग्नि प्रज्जवलित सबने शीश झुकाए।
थे दक्ष खड़े वहीं अब न कुछ करने का समय था,
जिन नेत्रों में था अहम अभी, वहां अब भय था।

जैसे ही गिरी सती भूमि पर, डोल उठा समस्त ब्रह्मांड,
जल थल नभ सभी ने जैसे छोड़ दिये अपने प्राण।
होगा क्या अब यह सोच कर ही सब विस्मित थे,
क्या करेंगे महादेव यह सोच सब विचलित थे।
देख यह दृश्य अपने घुटनों पर आ बैठे थे प्रजापति,
समस्त जगत में गूंजा तभी एक क्रोधित स्वर, "सती"।

(भाग-३)

कठिन हिमालय के शिखरों के संग,
खड़ा कैलाश ले जैसे शीश पर गगन।
योगी के जैसे धारण कर श्वेताम्बर,
बैठे परमयोगी धारण किए बाघम्बर।
हैं गण सभी बैठे समस्त दिशाओं में कर जोड़,
नेत्र सबके हैं बंद, ध्यान सिर्फ प्रभु की ओर।
हैं नीलकंठ, हलाहल का देते हुए प्रमाण,
बैठे हैं फन फैलाए कंठ पर वासुकि महान।
है त्रिशूल डमरू बंधा दायीं ओर,
पिनाक धनुष भी खड़ा बायीं ओर।
हैं त्रिनेत्र बंद, जटा शीश पर सज्जित,
योगासन में बैठे हुए लगे अति कुपित।
लगा तभी अचानक जैसे कुछ अनहोनी हुई,
खुला त्रिनेत्र शिव का, मुख से निकला "सती"।

सभी गण अचानक विचलित हुए,
देख अग्नि त्रिनेत्र की भयभीत हुए।
नंदी हाथ जोड़ बोले लिए आर्द्र कंठ,
क्यों इतने क्रोधित हैं आप नीलकंठ?
बिना कुछ बोले ही अन्यमनस्क देखा नंदी की ओर,
फिर शून्य की ओर देखने लगे होकर भाव विभोर।

तोड़ अपनी जटा का एक भाग पटका धरती पर,
हुआ हाथ में लिए अस्त्र प्रकट देखो वीर वीरभद्र।

फेंका फिर से धरती पर तोड़ जटा का एक और भाग,
हुई भद्रकाली प्रकट, लिए अपने नेत्रों में आग।
किया आदेश महादेव ने कि ले गणों को प्रस्थान करो,
महायज्ञ का करो विध्वंस और सबके प्राण हरो।
जो भी था वहां उपस्थित सबको जाकर दंडित करो,
सती का किया अपमान, दक्ष का शीश खंडित करो।

हुई महादेव की आज्ञा, सभी ने किया प्रस्थान,
हुआ आभास देवों को, भागे सभी बचाने प्राण।
बोले दक्ष कोई चिंता नहीं, यज्ञ है अभी भी निश्चित,
ब्रह्मर्षि भृगु के होते नही हो सकता कोई अनिष्ट।
ब्रह्मर्षि भृगु ने फिर यज्ञाग्नि में आवाहन किया,
गणों को रोकने हेतु ऋभुओं का स्मरण किया।

हुए ऋभु प्रकट अग्नि से समस्त सेना के साथ,
बढ़े चले गणों की ओर लिए अनेकों शस्त्र हाथ।
छिड़ गया ऋभुओं और गणों के मध्य एक समर,
एक क्षण भी ऋभु न टिक सके इतना क्रोध भयंकर।

गणों ने किया जैसे ही दक्षिण द्वार से प्रवेश,
मच गया कोलाहल दक्ष भूले अपना आवेश।
भद्रकाली ने बांध भृगु को एक स्तम्भ से,
अपने हाथों से उखाड़ी दाढ़ी एकदम से।
बढ़ा वीरभद्र दक्ष की ओर कि यम आए बढ़कर,
फेंक अपना यमपाश रोका वीरभद्र को पथ पर।
तोड़ा यमपाश को वीरभद्र ने जैसे शीश का बाल,

था वह क्षण जब काल को दिखा समक्ष महाकाल।
भागे इंद्र यज्ञ क्षेत्र से बना कर मृग का रूप-रंग,
फेंक त्रिशूल भद्रकाली ने किया उनका अंग-भंग।
अब कोई नही था दक्ष और वीरभद्र के बीच मे,
भागे दक्ष परंतु पकड़ा उनको उनके केश खींच के।
उठी कटार वीरभद्र की, हुआ दक्ष का शीश खंडित,
हुआ आदेश शिव का पूर्ण, सभी उपस्थित हुए दंडित।

शक्ति के बिना शिव हुए शव,
किया प्रवेश उठाने को एक शव।
ले शक्ति को अपने कंधे पर,
बढ़ चले फिर मेरु को सब।

(भाग-४)

सती को अपने हाथों में पकड़े,
अनेकानेक मार्गों से चलते चलते,
पहुँचे रुद्र वापस कैलाश धाम,
बैठ कन्दरा में पुकारा सती का नाम।
अभी भी सम्भवतः जीवित हो सती,
बार बार स्पंदन जोहते बैठ वहीं।
रुक गया था समस्त काल चक्र,
लगा पड़ी हो किसी की दृष्टि वक्र।

थे सभी भयभीत की कैसे समक्ष महादेव के जाएँ,
कौन है जो महादेव को कन्दरा से बाहर लाए।

सभी ने कर विचार विमर्श आया एक नाम स्मरण,
सब पहुँचे क्षीर सागर बोले त्राहीमाम नारायण।
धीरे से नारायण से अपने नेत्र खोले,
शांत स्वर में फिर अनंता बोले,
मुझे है ज्ञात कि क्यों आए आप यहाँ,
ज्ञात है मुझे वो भी जो हुआ था वहाँ।
आप ही बताइए कि मैं क्या करूँ,
आपके समान उनके कोप का भागी बनूँ?

सुन नारायण की वाणी,
बोले ब्रह्मदेव अति ज्ञानी,
ऐसा कोई और नहीं जो महादेव को समझा पाएगा,

आप मोड़ेंगे मुख तो इस सृष्टि को और कौन बचाएगा?
एक आप ही तो हैं जो महादेव को रोक सकते हैं,
आप ही तो हैं जो उनके मन को मोह सकते हैं।
अब आप ही को कुछ करना होगा,
महादेव के मोह को हरना होगा।

सुन सभी देवों की विनती हरि,
चले कैलाश जहां बैठे शिव-सती।
देख महादेव की विकट पीड़ा,
हुए नारायण की अति दुखी।

अभी भी शिव लिए सती को अपने अंक में,
अद्भुत रूप धारी अविनाशी लगे जैसे रंक से।
बार बार श्वास जोहते थे,
कभी कभी स्पंदन टोहते थे।

भर नयनन में नीर एकटक देखते थे,
सती की दशा के लिए स्वयं को कोसते थे।
न मान हार सती को अगर रोक लेते,
अगर न पड़ते कोमल तो साथ होते।
इन्हीं विचारों में निरीह से हुए थे योगी,
नियति के लिखे से बैठे हैं बन वियोगी।

कुछ क्षण नारायण उन्हें देखते रहे,
कुछ करने से स्वयं को रोकते रहे।
फिर नारायण को जब दिखा ने कोई मार्ग भिन्न,

भेज दिया सुदर्शन को करने सती शरीर को छिन्न।
लगा सुदर्शन सती के देह में हुआ अविनाशी को आघात,
समस्त आर्यावर्त में फैल गए भाग सती के एक पंचाशत।

देख यह लीला नारायण की हुए शिव अति क्रुद्ध,
हे नारायण आपने उठाया ये शस्त्र मेरे विरुद्ध।
आपके विरुद्ध परंतु मैं ना शस्त्र उठाऊंगा,
परंतु किया न कुछ तो कायर कहलाऊंगा।
जैसे आपने किया मेरे साथ यह कृत्य क्रूर,
है श्राप मेरा यह कि आप भी होंगे श्री से दूर।

सुन कथन शिव का नारायण आगे आए,
रख उनके कंधे पर हाथ अधरों से मुस्काए।
हे शिव मैंने किया यह क्योंकि आप नही कर सकते थे,
थी वो आदिशक्ति उन्हें स्वयं कैसे सीमित रख सकते थे?
हुए उनके इक्यावन खंड समस्त आर्यावर्त में गिरे,
हर उस मार्ग पर जहाँ से आप उन्हें लेकर निकले।
अब वे खंड सिर्फ खंड नही कहलाएंगे,
वे अपने तेज से शक्तिपीठ बन जाएंगे।
लिया रूप उन्होंने आदिशक्ति का इसीलिए जाते जाते,
करेंगी उद्धार जनमानस का अनेक युगों के आते आते।
माता सती अब आदिशक्ति बन इन धामों में विराजेंगी,
उनकी कोई स्मृति नहीं, साक्षात रूप में जानी जाएंगी।
तो आप भी अब इस धरा पर उनके सदा साथ रह पाएंगे,
इस गाथा के द्वारा आप ही नहीं, सब सती को जान
पाएंगे।

सुन नारायण की शांत वाणी,
हुई महादेव को अति ग्लानि।
हे नारायण मुझे करें क्षमा इस श्राप के लिए,
बिना कुछ सोचे कहे मेरे इस संवाद के लिए।

मैंने दिया श्राप आपको तो मैं ही मार्ग दिखाऊंगा,
आपका अनुचर बन सदैव श्री से आपको मिलाऊँगा।

जान प्रसन्न महादेव को सब आगे आए,
हुआ जो यज्ञ में सब हाल कह सुनाए।
सुन विनती, महादेव बोले आगे आकर,
सब कर दो पूर्वसमान, कह दो जाकर।
हुई आज्ञा शिव की सब जन फिर हुए प्रसन्न,
हुआ जो भी अनिष्ट सब हुआ पुनः धर्म संगत।
ऋषि भृगु हुए स्वतंत्र, यम हुए यमपाश से पुनः
सज्जित,
इंद्र को मिली अपनी कांति, यज्ञाग्नि हुई पुनः
प्रज्ज्वलित।
दे शीश अज का दक्ष को मिला पुनः जीवन दान,
महादेव की आज्ञा से यज्ञ का हुआ पुनर्निर्माण।
हुआ दर्प भंग दक्ष का का आ गिरा महादेव के चरण में,
यज्ञ पूर्ण हो इसकी विनती लिए आए उनकी शरण में।
कहा दक्ष ने अच्छा किया कि किया आपने मुझे दंडित,
प्रजापति नही असुर समान हूँ मैं, होना था शीश खंडित।
अब आप भी मुझे क्षमा कर प्रवेश करें इस प्रासाद में,
आगे आकर आप भी भाग ले अपना इस प्रसाद में।

मैं आपका आभारी हूँ नहीं क्योंकि मुझे सजीव कर दिया,
अपितु आदिशक्ति की गाथा के साथ मुझे चिरंजीव कर
दिया।
सदैव ऋण रहेगा सती का इस प्रजापति को,
क्यों न पहचान पाया पुत्री में आदिशक्ति को।

देख विकल प्रजापति को उठाया महादेव ने धरती से,
बोले, ये सब तुमने नहीं अपितु किया नियति ने।
जो तुम न करते तो कोई और स्थिति आती पग में,
सती को लेना था रूप आदिशक्ति का इस जग में।
ले उसने इस सम्पूर्ण धरा का किया उद्धार,
मेरे जीवन में आ मुझपे भी किया उपकार।
सब हुआ जब शुद्ध तो अब क्यों विकल हैं,
यज्ञ करें पूर्ण अब क्यों आप शिथिल हैं?

हुआ यज्ञ सम्पूर्ण, हुए सभी एकमेव,
बोले सभी कर जोड़, हर हर महादेव।

शर्भेश्वर

(भाग-१)

क्रोधानल में होते प्रज्ज्वलित,
चहुँओर घूमती दृष्टि क्रोधित,
समस्त भुवन को करते विचलित,
द्वार की चौखट पर नरसिंह स्थित।
हो रहे आदित्य अस्त क्षितिज पर,
भूधर अग्रसर प्रलय के पथ पर।

नरसिंह की गर्जना से हुआ संसार कम्पित,
स्वर्ग भी हुआ नरसिम्हा के भय से संकुचित।
समस्त देवगण पधारे लिए अपने स्यन्दन,
देख दृश्य भयावह लुप्त हो जाए स्पंदन।
नरसिम्हा का क्रोध शांत करने हेतु सब आगे बढ़ाएं,
बार बार नरसिंह प्रहलाद को अंक में उठाएं।

परंतु कब तक प्रहलाद के प्रेम पर सृष्टि टिके,
नरसिंह रूप में कब तक विष्णु रहें रुके?
नरसिंह रूप ने विष्णु को कर लिया बाधित,
श्री सहित समस्त सृष्टि बैठी भयभीत।

रह रह करते गर्जना सिंह की भाँति,
लगा होगा त्रिलोक भस्म तृण भाँति।

किसी मे ये सामर्थ्य न था कि नरसिंह को ललकारे,
कौन जानते बूझते सिंह की माँद में हाथ डाले?
जब दिखा न किसी को कोई और साधन,
तब हुआ एक ही नाम का स्मरण।
समस्त देवगण पहुंचे कैलाश धाम,
सभी पुकारते थे त्राहि माम्, त्राहि माम्।

(भाग-२)

थे लीन योगिराज ध्यान में,
देवगण को रोका नंदी ने मार्ग में।
देवगण विनीत स्वर में कर जोड़ बोले,
हे नंदी, कृपा कर हमारा मार्ग छोड़ें।
एक महाविपदा आन पड़ी है आज,
इसको हल कर सकते मात्र योगिराज।

नंदी सुन विनीत वचन बोले,
अभी ध्यानमग्न हैं हमारे भोले।
उनका ध्यान तोड़ने का सामर्थ्य हमारे पास नहीं,
यदि आप में है साहस तो सहर्ष बनें हमारे अतिथि।
महादेव को भी ध्यान में सब कुछ ध्यान है,
बस समय अभी नहीं इसलिए ध्यानमग्न हैं।

देवराज आर्द्र कण्ठ से पुनः बोले,
हे नंदी खड़ा हूँ तेरे सामने हाथ जोड़े,
अगर महादेव न उठे तो सब समाप्त हो जाएगा,
कुछ निमिष की देर है, त्रिलोक लुप्त हो जाएगा।
आप महादेव के परम अनुयायी हैं,
महादेव के प्रति उत्तरदायी हैं।
किसी मार्ग का तो ध्यान करें,
महादेव न सही तो आप साथ चलें।

नंदी ने तुरंत ही कर जोड़ दिया प्रतिउत्तर,
हे देवराज, करें कुछ दया मुझ पर।

स्वयं महाविष्णु का रूप वो नरसिंह हैं,
हम महादेव का वाहन मात्र नंदी हैं।
प्रकृति का ये नियम तो सर्वविदित है,
सिंह का प्रिय भोजन वृषभ नंदी है।
तो हे देवराज मुझे तो क्षमा करें,
और यहां से जाने की कृपा करें।

(भाग-३)

सुनकर नंदी और देवराज संवाद,
वीरभद्र बढ़कर आये उनके पास।
बोले, देवराज क्यों हैं आप इतने भयभीत,
वीरभद्र के होते क्यों हैं इतने विचलित।
दक्ष यज्ञ को मैंने बिना श्रम के कर दिया था भंग,
चलिए मैं देखूँगा कौन है ये नरसिंह।

सुन वीरभद्र की अहं भरी वाणी,
बोले नंदी तुरंत महाज्ञानी।
सुनो वीरभद्र अहं संग छोड़ो यह रण,
दक्ष यज्ञ का इस स्थिति में ना करो स्मरण,
अभी सामना तुम्हारा नरसिंह से है,
सामने कोई इंद्र नहीं साक्षात विष्णु हैं।

फिर बोले वीरभद्र अहं भारी वाणी,
सुनो स्वयं अपने स्वर को नंदी ज्ञानी।
नरसिंह महाविष्णु के मात्र चतुर्गुण सम्पन्न हैं,
हम जन्मे शिव की जटा से स्वयं परब्रह्म हैं।
दक्ष यज्ञ की भाँति भोले नाथ ने मुझे अवसर दिया है,
मैं जीत यह रण त्रिलोक बचाऊं यही उनकी इच्छा है।

सुनकर वीरभद्र की वाणी नंदी को हुआ ज्ञान,
लगता है भोलेनाथ ने ही रचा है यह समस्त स्वांग।
वीरभद्र का अहं तोड़ने को ही भोलेनाथ ध्यान में हैं,

टूटे इसका भ्रम इसलिए विष्णु नरसिंह अवतार में हैं।
बोले नंदी यदि वीरभद्र तुम्हारी यही इच्छा है,
रक्षा अगर कर लो त्रिलोक की तो अच्छा है।

बोले वीरभद्र इंद्र से चलो दिखाओ मुझको,
कहाँ है चुनौती चलकर बताओ मुझको।
हुए इंद्र प्रसन्न वीरभद्र को लेकर जाते थे,
नंदी देख दोनो को मंद मंद मुसकाते थे।

(भाग-४)

पहुंचे वीरभद्र इंद्र संग समक्ष नरसिंह,
दूर से ही कर जोड़ हुए भवन में प्रविष्ट।
अभी भी प्रहलाद को अंक में उठाए भगवन बैठे शांत,
वीरभद्र को हुआ अहम कि नरसिंह मानें उनकी बात।
बोले वीरभद्र भर बातों में अहंकार,
हे नरसिंह, हमने किया बहुत सत्कार।
आपका कार्य हुआ पूर्ण अब आप जा सकते हैं,
महाविष्णु को मुक्त कर स्वयं को बचा सकते हैं।

सुन वीरभद्र के मुख से ये शब्द,
समस्त देवों के कंठ हुए आबद्ध,
कुछ अनहोनी की हुई आशंका,
लगा जैसे बजा युद्ध का डंका।
नरसिंह ने देखा वीरभद्र की ओर बिन कुछ बोले,
देवता समस्त हुए भयभीत एवं दूर वीरभद्र से।
वीरभद्र ने देखा नरसिंह के नयनों में,
लगा हृदय हुआ कम्पित मात्र दृष्टि से।
परंतु अब वीरभद्र कैसे पीछे हटें,
कह चुके बहुत कुछ अब कैसे पलटें।

मनुज का आचार होना चाहिए देखभाल,
कैसी है परिस्थिति, स्थान एवं काल।
यदि स्थिति स्वयं दे संकेत विपरीत,
जब आपका मन स्वयं हो भयभीत,

जब आपको परिणाम हो अनुमानित,
तब अहम का अनुसरण सर्वथा अनुचित।
वीर या तो हो विजित या वीरगति को जाते,
नाम में वीर है, ऐसे वीरभद्र कैसे पीछे हो जाते।
भय में भी स्वयं को पुनः सम्हाल कर वे बोले,
हे नरसिंह! मैं रूप उनका जिन्हें सब कहते भोले,
मैं आपको अब पुनः यह अवसर देता हूँ,
विष्णु को करें मुक्त, आपसे पुनः कहता हूँ।

सुन वीरभद्र की पुनः अहंकृत वाणी,
हुए क्रुद्ध नरसिंह पूर्व की भाँति।
उठ किया प्रहलाद को स्वयं से दूर,
देखा वीरभद्र की ओर जैसे नेत्र में सूर्य।
इससे पहले कि वीरभद्र कुछ और कहते,
उनकी जटा पकड़ नरसिंह बाहर निकले।

ले समुद्र तट पर किया उनके अहम का मर्दन,
छूट गए प्राण मात्र सुनकर नरसिंह का गर्जन।

फिर बढ़ चले वे वन की ओर करते भयंकर गर्जन,
समस्त देवगण भयभीत देख निकट विश्व मर्दन।
क्या पालनकर्ता ही करेंगे इस सृष्टि का संहार,
कैसे रोकें उन्हें सब करते बैठ इसका विचार।
पुनः आया मन में एक ही नाम का स्मरण,
पुनः पहुंचे सब कैलाश कहते हर हर शंकर।

(भाग-५)

देख नंदी पुनः देवगण को हुए संकुचित,
देख मुख की काया बोले शब्द उचित।
हे देवगण, सब स्वीकारें मेरा प्रणाम,
अब भी हैं विचलित, क्या न हुआ काम?
हे देवराज, आप वीरभद्र को ले गए थे साथ,
कहाँ हैं वे, क्या उन्होंने भी छोड़ दिया हाथ?

बोले देवराज नंदी की बातें सुनकर,
क्यों कहते हो ऐसे जैसे हो अनभिज्ञ,
महादेव के तुम्हीं प्रतिनिधि हो,
उनके द्वार के सजग प्रहरी हो,
उनके ज्ञान के तुम भी भंडार हो,
उनकी सर्वज्ञता के तुम आधार हो।
हुए वीरगति को वीरभद्र प्राप्त क्या नहीं जानते,
नरसिंह के गर्जन की शक्ति क्या नहीं पहचानते?
उनके गर्जन से सम्पूर्ण संसार विचलित होता है,
ऐसे में कैसे तुम्हारा मन न सशंकित होता है?
नरसिंह का गर्जन मानों जैसे प्रलय का द्योतक हो,
समस्त ब्रह्मांड का अंत प्रतीत हुआ जैसे निकट हो।
अब तो इस विपदा को बस भोले ही टाल पाएंगे,
इस काल का मर्दन बस कर महाकाल पाएंगे।

सुन देवराज की चपल वाणी,
बोले नंदी महाराज अंतर्यामी,

हे इंद्र, आपका तो उनसे नाता है,
आप तो उनके ज्येष्ठ भ्राता हैं।
आप क्यों नही उनसे बात करते?
क्यों नहीं उनको परास्त करते?
क्यों आप सदा हैं दूसरों पर निर्भर,
क्यों नहीं बनते वीर जब आए अवसर?
वीरभद्र को आपने जानते मृत्यु में धकेला,
आपने जानते बूझते यह स्वांग खेला।
आपने महादेव के उठने की भी प्रतीक्षा न की,
दक्ष यज्ञ के युद्ध के प्रतिशोध हेतु यह क्रिया की।
आप जानते थे नरसिंह से युद्ध करना व्यर्थ है,
उनको शांत करना ही मात्र एक निर्णय है।
यहां कई उपायों में नहीं एक उपाय है,
शांति एवं सत्य का योग ही सहाय है।
क्या नहीं जानते मुझे नहीं क्यों कोई भय है,
मेरा जीवन महाकाल के चरणों में अभय है।
हे देवराज, अब ये काम तो स्वयं कर लें,
भोलेनाथ से कृपा कर विनती कर लें।

सुन नंदी की समस्त वाणी,
हुई देवराज को अति ग्लानि।
शीश झुका कर बढ़े वहां,
महादेव बैठे ध्यान में जहाँ।
कर जोड़ कर की विनती,
हे महादेव हरें हमारी विपत्ति।

इंद्र कर जोड़ कर आगे आएं,
बार बार प्रार्थना सुनाएं।
हे महादेव, हे भोले, हे शंकर,
हे जटाधारी, हे नाथ, हर हर,
हे गंगाधर, हे कैलाशवासी,
हे पिनाकधारी, हे अविनाशी,
हे भूतनाथ, हे अंतर्यामी,
हे समस्त जगत स्वामी।
समस्त गुणों के धारक,
समस्त जीवों के पालक।
आप स्वयम्भू, हम जन्मित,
हम अपवित्र, आप पुनीत।
आप जग रक्षक, हलाहल धारी,
हम अज्ञानी, हम अवगुण धारी।
आप योगी, आप प्रवीण,
आप प्राचीन, आप नवीन।
आप पुरुष, आप अर्धनारीश्वर,
आप शक्ति, आप विघ्नेश्वर।
आप शून्य हैं, आप अनंता,
आप ब्रह्म अनामय भगवंता।
आप सृजक, आप चंद्रशेखर,
हर कण के आप चेतन।
मन, कर्म, वचन के चालक,
समस्त त्रिलोक के प्रतिपालक।
हे त्रिलोकी, हे त्रिपुरारी, हे शमशानी,

हे वृषभ वाहन दत्ता अवढर दानी।
हे उमापति, हे सोमेश्वर,
हे महाकाल, हे विश्वेश्वर।
हे महादेव, हे भोले, हे शंकर,
हे जटाधारी, हे नाथ, हर हर।

सुन देवगण का आर्द्र कंठ,
उठे ध्यान से नीलकंठ।
बोले, हे देवगण, हे देवराज,
क्या विपदा आन पड़ी आज?
बोले देवराज कर जोड़, स्वामी,
हैं भोले आप अंतर्यामी।
आपसे भला क्या परे है?
सारे विघ्न आपने हरें हैं।
ऐसा ही एक संकट हुआ है प्रकट,
नरसिंह के रूप में विपदा है विकट।
हमसे जो बन पड़ा हमने किया,
वीरभद्र ने भी हमारा साथ दिया,
परंतु नरसिंह समक्ष हम सब तृण मात्र हैं,
उनके सम्मुख हम कहाँ सामर्थ्यवान हैं।
अब आपको ही कुछ करना होगा,
सृष्टि रक्षा हेतु कोई रूप धरना होगा।

(भाग-६)

सुन देवगण के समस्त वचन,
मुस्काए मंद मंद नीलकंठ।
बोले समस्त संकट का होगा निराकरण,
शरभेश्वर रूप में होगा मेरा अवतरण।
अब आप सब अपने लोकों को प्रस्थान करें,
अब सब मुझपे छोड़ आप सब विश्राम करें।
हुए देव हर्षित समस्त चले आकाश मार्ग की ओर,
हुआ गर्जन जग में, लगा धरती ने दिए प्राण छोड़।

देखा देवों ने जब धरती की ओर तो हुए हर्षित,
हुए शरभेश्वर अवतरित, धरती पर हुए दर्शित।
अष्ट पाद, पर, मृग रूप धारित लगे अद्भुत,
एक क्षण में ही हुए नरसिंह सम्मुख प्रस्तुत।
देख शिव का शरभेश्वर रूप नरसिंह सकुचाए,
विचारा एक क्षण फिर धीरे धीरे उस ओर आए।
सिंह को मृग अति प्रिय, विचार कर अनंता आए,
शरभेश्वर पर झपटे नरसिंह परंतु पकड़ न पाएं।
शरभेश्वर महादेव की गति की समता न कर पाएं,
बारम्बार प्रयास से भी जब सफल न हो पाए।
थक गए नरसिंह बैठे जब करने विश्राम,
दिखी देवों को आशा, अब होगा समाधान।

बैठ जब नीचे नरसिंह वट तरु,
शरभेश्वर आए, बोले वचन मृदु।

हे नरसिंह आप कौन हैं, क्या आप जानते हैं?
मैं कौन हूँ, क्या मुझको आप पहचानते हैं?
सुन शरभेश्वर की यह वाणी,
मुस्काए नरसिंह बोले महाज्ञानी,
मैं क्रोध हूँ, मैं शांति हूँ,
मैं सत्य हूँ, मैं भ्रांति हूँ,
मैं ब्रह्म हूँ, मैं ब्रह्मांड हूँ,
मैं श्रम हूँ, मैं विश्राम हूँ,
मैं कर्म हूँ, मैं फल हूँ,
मैं निर्बल का बल हूँ,
मैं शून्य हूँ, मैं अनंत हूँ,
मैं आरंभ हूँ, मैं अंत हूँ,
मैं दृष्टा हूँ, मैं दृश्य हूँ,
मैं कठोर हूँ, मैं सौम्य हूँ,
मैं जन्म हूँ, मैं मरण हूँ,
मैं चेतना का अवतरण हूँ,
मैं शिव हूँ, मैं इंद्र हूँ,
मैं जगत आधार महेंद्र हूँ,
मैं जीव हूँ, मैं जीवात्मा हूँ,
मैं सृष्टि मूल परमात्मा हूँ।
आप मैं हैं एवं मैं आप हूँ,
एक ही चेतन के आविर्भाव हैं।
समस्त मार्गों के विलय आप हैं,
हर गीत की लय आप हैं,

हर लीला के सौंदर्य आप हैं,
हर कर्म के ऐश्वर्य आप हैं,
हम कर्म हैं, निष्काम हैं,
हम विकार हैं, उपचार हैं,
हम विनीत हैं, हम दम्भ हैं,
प्रत्येक ब्रह्मांड के हम ब्रह्म हैं।

सुन नरसिंह के सभी वचन,
बोले शरभेश्वर मृदु कथन,
हे नरसिंह लीला समाप्ति का अब समय हुआ,
लें अब विष्णु रूप व चले जहां बैठीं हरिप्रिया।
बोले नरसिंह, था औचित्य जो अवतरण का,
हरिण्यकश्यप वध संग था वो ही पूर्ण हुआ।
परंतु शरीर छोड़ने हेतु न कोई था कारण मिला,
ले शरभ रूप आपने इसका भी तारण किया,
अब मेरी बस एक विनती आप स्वीकार करें,
मेरी चर्म को आप आसन रूप में धारण करें।
आपके ध्यान में इससे मैं भी ध्यान में रहूंगा,
आए कोई भी विपदा, सदा भागीदार रहूंगा।
वीरभद्र का कार्य भी धरा पर था पूर्ण हुआ,
इस कारण उसका जीवन व दम्भ चूर हुआ।
वो पुनः आपमें विलीन हुए,
आत्म अपने ब्रह्म में लीन हुए।
मैं भी अब लेता हूँ पुनः अपना रूप-नाम,
मेरा शरीर व चर्म करता हूँ आपको दान।

हुए नरसिंह मुख से विष्णु पुनः प्रकट,
हुए देवता प्रसन्न टल गया विकट संकट।
सब देव पुनः धरती पर आए,
अनेकानेक पुष्प उनपर बरसाए,
कर जोड़ कर सबने किया जयगान,
जय शरभेश्वर, जय नरसिंह भगवान।

भारत वंदना

हे देवभूमि, हे स्वर्ग धरा,
हूँ मैं आज नतमस्तक पड़ा।
जान तेरा रूप-गौरव,
हाथ जोड़ समक्ष खड़ा।

हे वेदभूमि, हे ज्ञान जननी,
हे राम धरा, हे मातृभूमि।
तू है शरनागत वत्सली,
शत्रुओं की भी पुकार सुनी।

आए अतिथि अनेकोंनेक,
झुके आगे घुटने टेक।
हो कोई भी उनकी शैली,
बस यहीं सब हुए एक।

वसुधैव कुटुम्बकम की नीति,
एकात्म दर्शन की रीति,
मनुर्भवः का विदित सिद्धांत,
योग दर्शन की प्रथम विधि।

हे शिवस्थली, हे शक्ति भूमि,
है संस्कृति की तू ही जननी,
हो ज्ञान का गौरव प्रकाशित,
मेरे अस्तित्व की तू ही धरणी।

तू अडिग है, तू अमर है,
तू पुनीता, तू ही अजर है,
तेरी शरण में शांति मिलती,
तुझसे दूर, जीवन समर है।

हे माँ तेरी मृदा बने इस कपाल का चंदन,
तेरा ही जयघोष करे इस हृदय का स्पंदन,
मुझे कृतज्ञ कर दे अब तू ये वर मुझे,
कि जाऊं कहीं पर हो सदा तेरा ही वंदन।

विचार कर

उदित आदित्य, विहंग अति दर्शित,
तारिका लुप्त, मनुज अति हर्षित।
देख दिव्य दृश्य, मन आकर्षित,
नित्य निज भाँति, जीवन संघर्षित।

नव दिवस, नव चेतना,
नव उमंग, नव प्रेरणा।
क्षितिज लाल, हरित तरु,
जलधि शांत, उज्ज्वल मरु।

क्रम शाश्वत, नश्वर तनु,
पुनीत परब्रह्म, पतित मनु।
सूक्ष्म कर्म, परिणाम दूरस्थ,
अनभिज्ञ नर, अहं तटस्थ।

निरंकार रूप, अविनाश तत्व,
क्षणभंगुर शरीर, विनाश सत्य।
देह प्रिय, उपेक्षित अंतर्मन।
दर्शनीय वस्त्र, लज्जित चेतन।

ध्यान देकर देख नर,
आस पास अपने भीतर।
अपने कर्मों का तू स्वयं साक्ष्य,
तू उत्तरदायी, जो तेरी दशा आज।

पाकर भी योनि नर की,
जन्म विफल तेरा फिर भी।
स्वयं के स्वार्थ में तू लिप्त हुआ,
समाज के प्रति तेरा चक्षु बंद हुआ।

मैं, मेरा और मेरे में तू संकीर्ण हुआ,
भौतिक सुख भोगने में प्रवीण हुआ।
अब तो नयन खोल कुछ विचार कर,
वसुधैव कूटुंबकम को चरितार्थ कर।

अपने जीवन के अभिप्राय हेतु शोध कर,
पूर्वनियोजित जो कर्म उसका बोध कर।
इस समाज से अब एक अनुबंध कर,
उपेक्षित जन हेतु अब कुछ प्रबंध कर।

प्रकृति का भी दोहन कर तूने बस प्राप्त किया,
क्या प्रकृति हेतु तूने कभी कुछ पर्याप्त किया?
अब तो इस स्वार्थ का तू त्याग कर,
आदान नहीं अपितु प्रदान का अभिमान कर।

मैं विराम हूँ।

अनेक आशाएँ संजोयी होंगी तुमने,
निरंतर प्रयास भी किए होंगे तुमने,
हर मार्ग का निरीक्षण तो सामान्य है,
स्वयं की समीक्षा भी तो की होगी तुमने।

इस मार्ग को कोई यूँ ही तो नहीं चुनता,
इस पग पर कोई पग यूँ ही तो नहीं बढ़ता,
किसी भी मार्ग में कोई अंतर तो नहीं है,
क्योंकि मैं तुम्हारे भीतर छिपा अभिमान हूँ।
मैं तुम्हारी इच्छाशक्ति का विराम हूँ।

समस्त गणनाएँ तो कर चुके होगे,
अनेक दुविधाओं से निकल चुके होगे,
समस्त बाधाओं पर भी तो ध्यान दिया होगा,
प्रत्येक भय को भी मन से निकाल दिया होगा।

अपने कर्म की इति की ओर बढ़े हो,
हवन की पूर्णाहुति देने निकल पड़े हो,
कुछ भी करो कोई अंतर तो नही है,
क्योंकि मैं तुम्हारे भीतर छुपा अज्ञान हूँ,
मैं तुम्हारी प्रत्येक योजना का विराम हूँ।

मृत्यु की प्रतीक्षा

क्षण क्षण कर वर्ष व्यतीत हो गए,
अनेक स्वप्न आशातीत हो गए।
यौवन आने से पूर्व ही जैसे,
समस्त मार्ग अवशिष्ट हो गए।

इस जीवन के गुरुकुल की
मात्र यही दीक्षा है,
अब तो बस मृत्यु की प्रतीक्षा है।

जीवन भर मुझको घमंड था,
मैं सर्वश्रेष्ठ हूँ, यही दंभ था।
स्वयं को स्वतः जब पहचाना मैंने,
तो मैं असफलताओं का स्तंभ था।

इस जीवन से मिली मुझे अब
वास्तविक शिक्षा है,
अब तो बस मृत्यु की प्रतीक्षा है।

इस जीवन का अंतिम श्रृंगार हूँ,
स्वयं पर स्वयं का ही प्रहार हूँ,

स्वप्नों के भवनों का अवशेष मात्र हूँ,
मैं अपने आप का आप ही संहार हूँ।

अब मेरी इस जीवन से बस,
यही एक इच्छा है,
मुझे अब मृत्यु की प्रतीक्षा है।

संघर्ष

घोर तम जब प्रकाश को रोके,
तुम तनिक भी विचलित ना होना,
भोर के पूर्व कि कालिमा है ये,
इससे किंचित भयभीत ना होना।

यह पीड़ा की बेला
मात्र क्षण भर की है,
लक्ष्य के सम्मुख इसका
मोल ना कण भर भी है।

संघर्ष करने से तुम पीछे ना हटना,
मार्ग स्वयं प्रशस्त होगा डटे रहना,
अभी तो जीवन का बस आरंभ है,
आप का प्रारब्ध लिखने में लगे रहना।

आज जो प्राप्त ना हुआ
उसका कोई शोक ना करना,
परन्तु क्यों ना प्राप्त हुआ
इसका शोध अवश्य करना।

स्वयं की क्षमता पर विस्मय हो,
जब हार जाने का प्रबल भय हो,
तब स्वयं को तुम्हें बताना होगा,
बाधा को भेद कर दिखाना होगा।

क्या है जो मनुष्य कर सकता नहीं,
कौन सा लक्ष्य जिसे भेद सकता नहीं,
रात की कालिमा के बाद भोर ही तो है,
ऐसा क्या है जो संघर्ष से मिल सकता नही।

प्रारब्ध

रात्रि एक सुस्वप्न देखा,
लुप्त हो गईं हैं हाथों की रेखा।
मुख से ना निकला एक शब्द,
जब बैठा लिखने अपना प्रारब्ध।

परंतु जैसे ही मैंने स्वर्ण कलम उठाई,
अतिशीघ्र मेरी चेतना लौट आई।
रात्रि थी अपने अंतिम प्रहर में,
मन था अभी स्वप्न के नगर में।

मुख पर थी आलोकित लालिमा,
आकाश पर थी स्वर्णिम कालिमा।
मन था अभी भी इस परिकल्पना में,
क्या करता यदि यह होता चेतना में?

स्वयं को बनाता धनपति,
या बनाता कहीं का भूपति?
अभी था मैं इसी संशय में,
स्मरण हुआ कुटुम्ब के विषय में।

मेरे अमूल्य मातृ एवं पितृ,
जिनसे मिला मुझे मेरा अस्तित्व।
मेरे अग्रज एवं अनुज भ्रात,
हर दुर्गमता को सहा साथ।

मेरी प्रिय, मेरी मान, मेरी अर्धांगिनी,
हर परिस्थिति में जो बनी संगिनी।
मेरा प्रारब्ध तो बना है इनके भाग्यों से,
मेरा जीवन भी निर्मित है इनके त्यागों से।

अपने प्रारब्ध में इनको कैसे नकार दूँ?
जीवन से इन क्षणों को कैसे निकाल दूँ?
उसका क्या चिंतन करना जो नहीं प्राप्त है,
इस प्रारब्ध ने जो दिया वही पर्याप्त है।

समाज

स्वर्णिम स्वप्नों से सज्जित यह समाज,
कालिमा से कलुषित हो किस ओर बढ़ रहा आज।

कृषकों के कर्म से,
श्रमिकों के श्रम से,
सेना के बलिदानों से,
जन के परिश्रम से,

असंख्य रश्मियों से परिपूर्ण यह समाज,
कालिमा से कलुषित हो किस ओर बढ़ रहा आज।

साहस के स्तम्भों से,
वीरता के दम्भों से,
व्यक्तित्वों के त्यागों से,
विविधता के अभिमानों से।

चरित्र की मर्यादाओं से बंधा यह समाज,
कालिमा से कलुषित हो किस ओर बढ़ रहा आज।

साहित्यिक भाषाओं से,
गौरव गाथाओं से,

उन्नत विचारों से,
निश्छल आशाओं से।

अनंत बलिदानों की आभा से आलोकित यह समाज,
कालिमा से कलुषित हो किस बढ़ रहा आज।

वीभत्स परिहासों से,
मृतप्राय श्वासों से,
कुंठित भावनाओं से,
अनियंत्रित वासनाओं से।

असंख्य अवसादों से ग्रसित यह समाज,
कालिमा से कलुषित हो किस ओर बढ़ रहा आज।

अधर्म के कर्म से,
शक्ति के मद से,
असत्य के प्रमाण से,
वैभव के कृपाण से।

अतुलनीय स्वार्थों से ग्रसित यह समाज,
कालिमा से कलुषित हो किस ओर बढ़ रहा आज।

भयावह रोष से,
गुप्त कोष से,
रहस्यमय शोक से,
चुभती हुई ओस से।

स्वतंत्रता रूपी दासता से बंधा यह समाज,
कालिमा से कलुषित हो किस ओर बढ़ रहा आज।

जनता की निष्ठा से,
विकास की पराकाष्ठा से,
संस्कृति के स्वाभिमान से,
आदर्शों की दृढ़ता से।

पुनः अपने आभूषण से सज्जित हो यह समाज,
सूर्य की लालिमा से आलोकित हो बढ़ेगा आज।

जीवन के पथ पर बढ़ रहा हूँ

ना सुख से दूर हूँ,
ना शांति के समीप,
जीवन के पथ पर अग्रसर हूँ,
परंतु लक्ष्य से अनभिज्ञ।

ना समय का ज्ञान है,
ना लक्ष्य की पहचान है।

उमर के पड़ावों पर चढ़ रहा हूँ,
जीवन के पथ पर बस बढ़ रहा हूँ।

ना पाप लगने का भय है,
ना पुण्य कमाने का समय है।
इस पथ पर बने रहने में बस,
कुछ श्वासों का ही तो व्यय है।

अपने संघर्षों से आप ही लड़ रहा हूँ,
जीवन के पथ पर बस बढ़ रहा हूँ।

ना मोह करने हेतु कुछ है,
ना माया से ही कोई सुख है,

अनंत से शून्य का नैपथ्य,
स्वयं में कितना अद्भुत है।

अपने कर्मों की लेखनी को आप ही पढ़ रहा हूँ,
जीवन के पथ पर बस बढ़ रहा हूँ।

द्वंद

ब्रहम के समक्ष छिड़ गया नवीन द्वंद,
सत्य-असत्य के विवाद का न था अंत।

असत्य बोला सत्य की ओर इंगित कर,
ऐ सत्य, मेरे वचन को तू चिन्हित कर,
यह कलयुग है, यहाँ मैं ही यथार्थ हूँ,
समस्त वचनों का मैं ही अर्थात हूँ,
तुम कटु हो, तुम अप्रिय हो,
तुम प्राचीन हो, तुम निरीह हो,
तुम एकाकी व अप्रासंगिक हो,
तुम दुखों के मूल नैसर्गिक हो।
मैं प्रिय हूँ, मैं सफल हूँ,
मैं अकर्म का भी फल हूँ।
मैं आज सफलता की कुंजी हूँ,
मैं आज व्यवहारिक पूँजी हूँ,
तुमसे अधिक आज मेरे प्रमाण हैं,
न्याय का भी मेरे चरणों मे प्रणाम है,
तुम आज सारे कष्टों के मूल हो,
अनुयायियों के जीवन के शूल हो,

कभी संसार मे तुम्हारा समय था,
कभी जन में तुम्हारा भय था,
परंतु अब मैं तुम्हें विजित कर चुका हूँ,
समस्त भय को खंडित कर चुका हूँ,
अब लोग तुम्हें मेरे नाम से जानते हैं,
अब मुझे नहीं तुम्हें विलोम मानते हैं,
वर्चस्व तुम्हारा समाप्त होने को है,
ये युग अब मुझे प्राप्त होने को है।

सुनकर असत्य के समस्त वचन,
बोला सत्य अब असत्य मुझे सुन,
इस युग तो क्या तू हर युग मे हारेगा,
क्योंकि यह रण नहीं जहाँ कोई जीतेगा,
भले आज सब तेरे सहारे हों,
भले मेरे अनुयायी हारे हों,
परंतु वो मुझे जानते हैं,
मेरी शक्ति को पहचानते हैं,
मैं शाश्वत हूँ, मैं अनंत हूँ,
मैं आरम्भ से लेकर अंत हूँ,
मैं अप्रामाणिक सही परंतु सत्य हूँ,
मैं अप्रासंगिक सही परंतु नैसर्गिक हूँ,
मैं कष्टों का मूल सही परंतु संतुष्ट हूँ,
मैं थोड़ा पीछे सही परंतु न भ्रष्ट हूँ,
मैं कटु हूँ, मैं अप्रिय हूँ, मैं कठोर हूँ,
परंतु मैं तुम्हारे अंतर्मन का शोर हूँ,

तुम अशांत हो, तुम भयभीत हो,
कुछ भी हो तुम मेरे विपरीत हो।

बोला असत्य ब्रह्म की ओर देखकर,
हे ब्रह्म आप बताए, सब समझकर,
यह कलयुग मेरा ही तो युग है,
मन, कर्म, वचन में मेरा ही योग है,
आपने कहा था यहाँ मेरी सत्ता होगी,
इस युग में अब मेरी ही महत्ता होगी।

बोले ब्रह्म सुन दोनों के कथन,
मुस्काए मंद फिर बोले वचन,
समय, काल, युग ये सब तो मेरे हैं,
मन, कर्म, वचन ये सब मनुज के हैं,
सर्वथा असत्य है कि तुम्हारी सत्ता होगी,
इस युग में अवश्य तुम्हारी प्रबलता होगी,
इस युग में भी अंतिम उद्देश्य तो मैं ही हूँ,
हर मार्ग का अंतिम लक्ष्य तो मैं ही हूँ,
हर कर्म का फल अब भी मैं ही हूँ,
सफल अथवा असफल मैं ही हूँ,
नियत अथवा नियति भी मैं ही हूँ,
सर्वविदित अब मेरा स्वभाव तो तुम जानते हों,
मैं उन्हीं को मिलता हूँ जो सत्य को मानते हों,

निर्मल हृदय, निष्काम कर्म और सत्यपथ के अनुयायी हों,
धर्मसंगत, अविचलित मन और समाज के प्रति उत्तरदायी हों।

तो सत्य एवं असत्य तुम दोनों ही अपने स्थान पर उचित हो,

परंतु असत्य तुम लघु, क्षणिक, अंतर्द्वंद कारक व संकुचित हो,

सत्य तुम्हारे विपरीत मुक्त, शाश्वत, पूर्ण, सर्वज्ञ व अनंत है,

अब स्वयं समीक्षा करो किसके मार्ग का मुझ पर आ कर अंत है।